À tous les « Jean » et à leurs parents
V. VDA.

À J-M.T.
E. de W.

18, rue de l'Ouvrage
B-5000 Namur

ISBN 978-2-87142-606-6
D/2009/3712/16

Imprimé en Belgique

Véronique Van den Abeele & Emma de Woot

Notre Jean

Mijade

Par un beau matin de printemps,
Jean-Edgard le Canard,
en route pour la mare,
découvre un œuf, un bel œuf blanc,
planté au beau milieu du champ.
«Ooh… un œuf… un bel œuf blanc!»

Tout excité par sa découverte,
il appelle son amie Jeanne-Raoule la Poule.
«Viens voir, Jeanne-Raoule, j'ai trouvé un œuf!»

«Regarde, Jeanne-Raoule, c'est un œuf de canard !
Et tu sais quoi ?
Quand un petit caneton sortira de cet œuf,
eh bien, je lui apprendrai à nager…
et il nagera aussi bien que moi !»

Jeanne-Raoule est très étonnée :
«Un œuf de canard ? Ça ? Cot Cot Cot,
non, non, non… Ça doit être l'œuf
d'une poule qui passait dans le coin…»
Et Jeanne-Raoule se prend
elle aussi à rêver :
«Ooh qu'elle sera mignonne,
la petite poulette qui en sortira…
Eh bien moi, je lui apprendrai
à pondre autant d'œufs
que moi !»

Jean-Gaston le Héron pointe le bout de son bec.
«Ooh quel bel œuf… mais c'est un œuf de héron, dites donc! Eh bien, j'apprendrai à ce petit héron à être un aussi bon pêcheur que moi!»

C'est alors que Jean-Lou le Hibou découvre l'œuf, lui aussi.
« Hou-Hou ! Un œuf ? Cela demande vérification.
Mais dites-vous bien que, s'il en sort un petit hibou,
c'est moi qui lui apprendrai à être très sage
et très savant, comme moi ! »

«Tralalala, pas du tout!»
chantonne Jean-Pol le Rossignol.
«Même si cet œuf est un peu gros,
ce sera peut-être un petit rossignol…
Je me charge de lui apprendre
à être un excellent chanteur…
comme moi!»

Et voilà qu'arrive John-Ross l'Albatros,
en vacances dans la région :
«*Hello, Hello !* C'est moi qui apprendrai
à voler à ce petit albatros !
Yes, il volera aussi haut que moi !»

Malgré les moqueries,
Jean-Guy le Colibri veut aussi donner son avis :
« Pirlipipi ! Si c'est un colibri, je lui apprendrai
à butiner les fleurs, comme moi ! »

« Voyons Jean-Guy, tu n'es pas sérieux ! » s'exclame Jeanne-Truche l'Autruche dépêchée sur les lieux.

« Tu as vu la taille de cet œuf ?
Taratata, il est bien trop gros
pour être à toi. En tout cas,
si un autruchon en sort,
c'est moi qui lui apprendrai
la course à pied ! »

Jean-Edgard perd son sang-froid :
« Trêve de cancans, ça suffit maintenant !
Après tout, j'ai trouvé cet œuf le premier.
C'est donc moi qui vais l'adopter !
Je serai son papa et c'est moi qui lui apprendrai tout ça ! »

À ces mots, les volatiles perdent leur calme,
et le ton monte. Les voilà qui se prennent le bec
et se volent dans les plumes :

«Non, ce sera un canard! Non, une poule!
Non, un héron! Non, un hibou! Non, un rossignol!
Non, un albatros! Non, un colibri!
Non, une autruche!»

«Arrêtez! Regardez!» s'écrie Jean-Lou le Hibou.
«L'œuf s'est fendillé, on dirait qu'il va éclore!»

« Oooh… »
Tout le monde retient son souffle, bec cloué.
Le moment de vérité est arrivé…

« AAAAAAAAAAAAAAAAAAAAAH !
UN CRO… UN CROCO… UN CROCOCO…
UN CROCODIIIIIIIIIIIIIIILE ? ? ? ! ! ! »
Quelle surprise !

Mais tout attendri devant un aussi beau bébé,
Jean-Edgard prend le petit sous son aile
et s'exclame :
« N'ayez pas peur, il a l'air si gentil.
Dommage, il n'y a pas de crocodile ici
pour s'occuper de lui…
Et si nous devenions tous ses parents ?
Mes amis, voici… notre… Jean ! »

La première surprise passée,
plus personne ne pense à protester.
«Oooh…Notre Jean! Qu'il est mignon!»
reprennent en chœur les oiseaux.

Jean-Edgard poursuit :
« Une promesse est une promesse…
Même si notre Jean est un crocodile,
je lui apprendrai quand même à nager ! »
« Oui, moi aussi, je lui apprendrai
à être sage et savant. »
« Et moi, à courir. » « Et moi, à pêcher. »
« Et moi, à voler très haut. »
« Et moi, à pondre ! » « Et moi, à chanter. »
« Et moi, à butiner. »
« Youpi ! Grâce à nous,
il pourra tout faire ! »

Il fallut du temps à notre jeune crocodile
rebaptisé Jean-Achille pour apprendre
à butiner les fleurs.

Car imiter Jean-Guy le Colibri,
c'était plutôt mal parti !

Et pour Jean-Achille le Crocodile,
suivre les cours de chant
n'était pas évident :

tout le monde était au courant
quand Jean-Paul le Rossignol tentait
de lui apprendre un la ou un sol…

Pour Jeanne-Raoule la Poule,
ce n'était pas gagné non plus.

Elle essaya longtemps de lui apprendre
à pondre aussi bien qu'elle…

Par contre, Jean-Achille se montra très docile lors des leçons savantes de Jean-Lou le Hibou.
Et aussi très habile lors des leçons de pêche de Jean-Gaston le Héron.

Quel bonheur pour Jean-Edgard de voir son petit protégé
nager sans bouée et aussi vite… qu'un crocodile !

En revanche, pas le temps de se reposer
avec Jeanne-Truche l'Autruche.
« Une, deux, une, deux,
allez Jean-Achille, plus vite,
essaie de me rattraper! »

Tous les parents de Jean-Achille
faisaient de leur mieux
pour lui apprendre leur spécialité !
Même si certains avaient peut-être visé trop haut.
« *Come on* Jean-Achille, *go, go, go !*
Saute et bats des pattes ! »
s'époumonait John-Ross l'Albatros.

Tant aimé par ses parents adoptifs,
Jean-Achille fit de grands progrès
dans tous les domaines... enfin presque !

Car aux dernières nouvelles,
un crocodile reste un crocodile,
et même si Jean-Achille adore apprendre à voler,
ce n'est pas encore sa spécialité !